LETTRE

ADRESSÉE

A UN ÉLECTEUR

DU DÉPARTEMENT DE LA DRÔME.

LETTRE

ADRESSÉE

A UN ÉLECTEUR

DU DÉPARTEMENT DE LA DRÔME,

PAR UN COMPATRIOTE.

Vincet amor patriæ.

PARIS,

IMPRIMERIE DE MADAME JEUNEHOMME-CRÉMIÈRE,

RUE HAUTEFEUILLE, Nº 20.

1820.

LETTRE

ADRESSÉE

A UN ÉLECTEUR

DU DÉPARTEMENT DE LA DRÔME,

PAR UN COMPATRIOTE.

⁕⁕⁕⁕⁕⁕⁕⁕⁕⁕⁕⁕⁕⁕⁕⁕⁕⁕⁕⁕⁕⁕⁕⁕⁕⁕⁕⁕⁕⁕⁕⁕⁕⁕⁕⁕⁕

Mon ami,

Pénétré de l'importance des droits que vous allez exercer, vous me demandez des avis sur ce que vous avez à faire : Je tâcherai de reconnaître cette marque d'estime et de confiance, en vous communiquant mes idées sur notre situation présente et sur les élections prochaines. Vous le savez, le bien de ma patrie est le seul objet qui m'occupe ainsi que vous , et je croirai avoir rempli pour ma part, mes devoirs de citoyen, si les conseils que je vais vous donner peuvent contribuer à écarter de la députation de la Drôme des hommes ou nuls , ou nuisibles, pour leur substituer des députés courageux , fidèles, et dignes de représenter un des départemens les plus patriotiques de la France.

Je ne parlerai point de la loi actuelle des élections; bonne ou mauvaise, elle existe; il s'agit d'en tirer le meilleur parti possible pour les intérêts de l'état et de la liberté. La plus sûre garantie de ces intérêts est sans contredit dans le gouvernement représentatif, le seul possible maintenant. En effet, supposons un moment que la constitution n'existe pas, ou qu'elle ait été renversée, et voyons ce que l'on pourra mettre à la place. L'ancienne monarchie ? Mais avec le pouvoir d'un seul, rétablirez-vous les préjugés qui le rendaient inviolable et les libertés communales qui en formaient le contre poids ? Le despotisme du sabre ? Mais on s'engage alors à l'environner de tous les prestiges de la gloire militaire, à rendre cet éclat éternel, et surtout à trouver un homme qui puisse supporter le poids de cette autorité illimitée, sans se briser contre les écueils que l'opinion publique lui offrira de toutes parts.

Non ! la France ne sera plus asservie aux caprices d'un maître; elle connaît ses devoirs, elle connaît ses droits, elle saura remplir les uns et défendre les autres. En vain des factieux essayent d'alimenter par d'odieux souvenirs leurs coupables espérances; la nation ne permettra pas que leurs projets se réalisent. Des siècles de servitude et trente ans de révolutions, nous ont appris que le bonheur pour les peuples n'existe ni dans le repos de l'esclavage, semblable à la paix de la mort, ni dans les orages des secousses politiques. La civilisation ne peut rétrograder; le perfectionnement de l'ordre social exige un plus haut degré de perfection dans les institutions; et c'est nous, peuple libre et éclairé, que l'on voudrait régir avec les lois des barbares qui inondèrent les Gaules, et ramenèrent dans ce pays, les ténèbres de l'ignorance. Pour parvenir à ces criminels résultats, on a employé tous les moyens, mais nous qui ne voulons que ce qui est, nous n'aurons pas de peine à atteindre ce but : Que le choix des électeurs s'arrêtent sur des hommes sûrs, déterminés à défendre le gouvernement représentatif, et qui n'aient rien à espérer ni à craindre du ministère. Voyons quels sont dans ce département les citoyens qui peuvent remplir ces conditions. Les yeux se portent d'abord sur les deux députés sortans; il est.

facile de voir si M. le marquis de Chabrillan et M le comte de Maccarthy ont rempli dans cette session le vœu de leurs mandataires, leur conduite passée pourra servir de garantie pour l'avenir.

M. le marquis de Chabrillant, gentilhomme d'honneur de Monsieur, n'a pas prononcé de longs discours pendant le cours de sa carrière législative, mais il lui est échappé de ces mots brefs et expressifs qui peignent un homme d'un seul trait, et font appercevoir en un instant tout ce qu'un autre chercherait à couvrir par de longs détours : Ainsi, une pétition ayant été présentée à la chambre avec cette suscription : *Aux représentans du peuple Français*, M. le marquis de Chabrillant s'écria : NOUS NE SOMMES PAS LES REPRÉSENTANS DE LA NATION FRANÇAISE : et si M. le marquis eût parlé pour lui seul, il aurait eu bien raison. Nous n'en dirons pas d'avantage ; cette phrase doit être un avis suffisant pour tous les électeurs qui voudront être représentés : nous leur rappellerons seulement que M. de Chabrillant a proposé une augmentation d'impôts, et demandé la restitution des biens d'un émigré vendus pendant sa minorité ; il a appuyé le rappel à l'ordre de M. Bignon, dans la fameuse discussion sur les bannis, et il a demandé que la chambre fêtât l'*Epiphanie et le mardi-gras*.

M. le comte de Maccarthy, a fait la campagne de l'armée de Condé, et a été nommé maréchal-de-camp en 1814 : il fut un digne membre de la majorité de la chambre introuvable ; depuis il a peu marqué dans les discussions, mais il a voté constamment avec la partie la plus exagérée du côté droit : il s'est prononcé pour la prime d'enrôlement contre l'avancement par ancienneté , enfin il a demandé le rappel à l'ordre de M. Bignon : on assure que M. Maccarthy a parlé très-souvent ; mais voici à peu près à quoi l'on pourrait réduire ses discours : — M. de Maccarthy s'écrie : *aux voix ! la clôture ! à l'ordre ! l'ordre du jour !* — M. de Maccarthy rit aux éclats. — M. de Maccarthy s'agite sur son banc — et autres mouvemens oratoires non moins éloquens.

Il serait peut-être inutile de nous occuper de M. Olivier , si, comme on l'assure, il n'est pas éligible : M. Olivier payait 1013 francs de contributions, 14 francs de moins, et la loi le rejetait sans discussion : le domaine qu'il a donné à sa fille par son contrat de mariage ne peut plus lui être compté, et par conséquent il est exclu par le fait. Cependant comme on ne connait pas toutes les ressources que possède le ministère pour parvenir à ses fins, et comme on sait que le choix des moyens lui est à peu près indifférent, examinons quel est le candidat qu'il semble désigner aux suffrages des électeurs.

Nous sommes forcés d'avouer que M. Olivier a toujours été conséquent dans ses principes. Ami du pouvoir en 1813, il l'était encore en 1814 et le serait de même en 1820. Dans la chambre de 1814, rapporteur du projet de loi sur la naturalisation des habitans des départemens séparés de la France, projet qui fut combattu par tous les amis de la liberté, il conclut à l'adoption. (Séance du 16 septembre.)

Il fut encore rapporteur de la loi sur les boissons, et le rétablissement des exercices que le comte d'Artois avait promis de supprimer, il conclut à l'adoption. (22 octobre.)

Un projet de loi fut présenté sur la restitution des biens non vendus des émigrés, M. Olivier l'appuya fortement; il fit plus, il proposa des amendemens propres à étendre les restitutions au-delà du projet du gouvernement et de celui de la commission : ainsi l'on avait demandé que les rentes foncières fussent rendues, et ce député généreux proposa de rendre également les rentes constituées : quant aux créances sur les émigrés, dont les biens ne sont pas vendus, il proposa de statuer par voie d'arbitrage, sans appel ni recours. (27 octobre 1814.)

Bientôt après, le ministère présenta un projet tendant à faire de la cour de cassation un conseil de parties et à revenir par ce moyen sur toutes les ventes nationales. Ce projet se composait de cinq articles.

Par le 1.er, le nombre des conseillers d'état se trouvait réduit à 42 : il y aurait eu trois sections, une civile, une criminelle et une des requètes.

Par le 2.e, la cour était *dispensée de motiver ses arrêts.*

Le 3.e, autorisait le chancelier à présider les sections réunies ou divisées.

Par le 4.e, le Roi devait nommer les conseillers parmi les membres de la cour royale.

Enfin, par le 5.e, il était dit que le roi pourvoirait à l'administration intérieure par des ordonnances.

Nous ne ferons pas de réflexions sur ce projet : le simple exposé que nous venons de donner de ses articles, montre évidemment qu'il organisait la contre révolution. Aussi fût il attaqué de toutes parts.

Une voix s'éleva pour le défendre ; c'était la voix de M. Olivier.

Il termina son discours en ces termes : « En

« fixant toute mon attention sur l'ensemble du
« projet de loi, je le reconnais juste dans ses prin-
« cipes, sage dans ses vues, salutaire dans ses
« résultats et je vote l'adoption. » (Séance du
24 décembre.)

Malgré tous les efforts de l'orateur pour per-
suader à la chambre, que ce projet devait sauver
la France, il fut tellement amandé que l'article
4 fût seul conservé. Honteux de l'avoir proposé,
le ministère l'abandonna et ne le présenta pas
même à la chambre des pairs.

Le 15 février suivant, M. Oliver reçut la récom-
pense de ses attaques contre la cour de cassation, et de ses complaisances ministérielles : Il
fut nommé membre de cette même cour avec
M. Clausel de Coussergues : un peu avant, il avait
reçu la décoration de la Légion-d'Honneur.

M. Olivier a été rapporteur bannal, désigné
par le ministère dans toutes les affaires politiques.

Ainsi dans l'affaire de Lavalette condamné à
mort, dans l'affaire des patriotes de 1816, con-
damnés à mort, dans celle de Comte et Dunoyer
et dans presque toutes celles relatives à des délits
de la presse, lorsque le ministère voulait obtenir
un triomphe.

(13)

Par une ordonnance assez récente , M. Olivier a été nomme membre de la haute commission de censure.

Nous ne pensons pas que M. le marquis de Chabrillan , M. le comte de Maccarthy , et M. le censeur Olivier puissent remplir les vœux des électeurs de la Drôme : les deux premiers ne se mettront pas en peine de défendre nos libertés : le troisième ne rougira pas de les attaquer.

Mais il est dans le département de la Drôme, des hommes qui, par leur patriotisme, par leur indépendance, par leur savoir, sont dignes de toute notre confiance; des hommes qui ne seront point les esclaves du pouvoir, les défenseurs de l'ancien régime , et qui à la tribune où l'on discute les intérêts du peuple, n'oseront ni penser ni dire *qu'ils ne sont pas les représentans de la nation.*

Quels sont ces vrais citoyens ?

Rigault de l'Isle, de Crest, s'occupant beaucoup d'agriculture et d'expériences utiles. Partisan zélé et très-éclairé de la liberté, il en a soutenu les principes dans les chambres de 1814 et 1815 avec autant de talent que de sagesse. La *Biographie* et législature de tous les députés le recommande aux habitans de la Drôme *qui en font trop de cas pour ne pas réunir sur lui tous leurs suffrages.*

Le général Pouchelon , de Romans , homme éminemment distingué par l'indépendance de son caractère, par la rectitude de son esprit, par une fermeté à toute épreuve. Il obtint tous ses grades sur les champs de bataille, et depuis la restauration , préférant vivre dans la retraite, il n'a point recherché les honneurs que lui méritent ses services. Digne neveu de ce conventionnel, si recommandable par le vote qui attira sur lui tant de dangers, aujourd'hui conseiller à la Cour royale de Grenoble, et connu dans toute la province par son austère intégrité, Pouchelon marchera sur ses traces, et après avoir rempli ses devoirs comme guerrier , il saura les remplir aussi comme mandataire du peuple.

Morin, de Dieu-le-fit, Négociant distingué, grand manufacturier, père de toute la contrée qu'il habite, excellent citoyen, ami de l'industrie nationale, et de la liberté. Il présente dans les souvenirs de sa vie politique d'honorables garanties de son indépendance et de son amour pour le bien public. Jamais il ne se prostituera aux caresses ministérielles.

Electeurs du département de la Drôme! je vous ai indiqué quels candidats vous devez rejetter, quels députés vous devez élire. Ma tâche est remplie; dès ce moment commence la vôtre. L'in-

térêt de la patrie réclame votre présence aux col-
léges : assez d'entre vous ont dejà été exclus par
des manœuvres administratives, que je ne veux
pas qualifier. Mais au moins, vous à qui l'on n'a
pas enlevé le droit d'élire, sachez en faire un
usage salutaire et souvenez-vous que

L'UNION FAIT LA FORCE.

www.ingramcontent.com/pod-product-compliance
Lightning Source LLC
Chambersburg PA
CBHW061902080726
47597CB00010BA/4369